Campeones
olímpicos

Por Lynne Blanche y Claire Daniel

CELEBRATION PRESS

Pearson Learning Group

The following people from **Pearson Learning Group**
have contributed to the development of this product:

Joan Mazzeo, Jennifer Visco **Design** | **Editorial** Carlos A. Byfield, Leslie Feierstone-Barna
Gina Konopinski-Jacobia **Marketing** | **Production/Manufacturing** Lorraine Allen, Mark Cirillo
Content Area Consultant Dr. Daniel J. Gelo

The following people from **DK** have
contributed to the development of this product:

Art Director Rachael Foster

Carole Oliver, Nick Avery **Design** | **Managing Editor** Scarlett O'Hara
Helen McFarland **Picture Research** | **Editorial** Kate Pearce, Amanda Rayner
Ed Merritt **Cartographer** | **Production** Rosalind Holmes
Richard Czapnik, Andy Smith **Cover Design** | **DTP** David McDonald
Consultant Norman Barrett

Dorling Kindersley would like to thank: Tanni Grey-Thompson for the image on page 15, Marc Gagnon for the images on pages 10, 11 and 12, Johnny Pau for additional cover design work.

Picture Credits: Action Plus: Robb Coxx/STL/Icon 4cl; Glyn Kirk 1; Philippe Millereau/DPPI 12cl. AKG London: Erich Lessing 4tl. Associated Press AP: 27tr; Denis Paquin 25b. Camera Press: David Dyson 17t. Corbis: Bettmann 7cr; Duomo 9cr; Jon Hicks 18b; Kit Houghton 3; Rick Maiman 28tl; Neal Preston 26tl, 27br, 27l, 28bl, 29br; Jean-Yves Rusniewski/TempSport 22tl, 25tr; Orban Thierry/Sygma 21b; Karl Weatherly 5tr. Empics Ltd: DPA/DPA 23t; Tony Marshall 14bc; Steve Mitchell 23cr; 30b; Neal Simpson 8–9, 19r; Valeria Witters/WITTERS 4b, 5b. Getty Images: 16; Adam Pretty 30tl, 31br; Simon Bruty 24–25; Robert Cianflone 6tl; Tony Feder 9tl; 31br; Mike Hewitt 20t; Christopher Lee 17br; Bob Martin 22tl, 29t; Donald Miralle 10tl, 13br; Mike Powell 11b; Craig Prentis/Stringer 16br; 13br; Jamie Squire 14–15, 15tr; Michael Steele 18tl; Michale Steele 19tl. Newspix Archive/Nationwide News: 7tl; Brett Faulkner 6–7. Pa Photos: Ian West 14tl. Jacket: Action Plus: Glyn Kirk front t; Empics Ltd: Matthew Ashton front bl. Getty Images: Mike Powell back.

All other images: ▨ Dorling Kindersley © 2005. For further information see www.dkimages.com

ISBN: 0-7652-7731-X

Printed in the United States of America
1 2 3 4 5 6 7 8 9 10   09 08 07 06 05

1-800-321-3106
www.pearsonlearning.com

Contenido

Sueños olímpicos...............................4

Cathy Freeman 6

Marc Gagnon...............................10

Tanni Grey-Thompson...............................14

Haile Gebreselassie 18

Pablo Morales 22

Kristi Yamaguchi 26

Deportes olímpicos 30

Índice...............................32

Esta imagen de un antiguo jarrón griego muestra un atleta que lanza una jabalina.

Sueños olímpicos

Los primeros Juegos Olímpicos se celebraron hace unos 3,000 años en Grecia. La competencia empezó como una carrera pedestre. En años posteriores, se añadieron otras pruebas: carreras de cuadriga, otras carreras pedestres, lucha y lanzamiento del disco.

En 1896, se celebraron los primeros Juegos Olímpicos modernos en Atenas, Grecia. Más de 300 atletas masculinos compitieron en más de cuarenta pruebas. Los ganadores recibieron una medalla de oro y una corona de ramas de olivo.

Medallas olímpicas: oro, para el primer lugar (izquierda), plata para el segundo (centro) y bronce para el tercero (derecha).

Participar en los Juegos Olímpicos es un sueño que muchos atletas logran realizar hoy en día. Es la competencia deportiva más importante del mundo. Miles de atletas de todo el mundo se reúnen para probar sus destrezas contra lo mejor de lo mejor en centenares de pruebas diferentes.

La bandera olímpica tiene cinco anillos conectados que representan las partes diferentes del mundo.

Los atletas se entrenan durante años antes de los Juegos Olímpicos. Ya desde niños, su vida se enfoca a menudo en los deportes, y combinan la educación con el entrenamiento y las competencias. Se esfuerzan para tener la oportunidad de participar en los Juegos Olímpicos. Así ganen o no, todos los atletas olímpicos son campeones. Este libro trata acerca de la vida y los logros de seis campeones olímpicos.

En 1996, atletas de todo el mundo compitieron en los Juegos Olímpicos de Atlanta, Georgia.

Nombre:
Catherine Freeman
Fecha de nacimiento:
16 de febrero, 1973
Lugar de nacimiento:
Mackay, Queensland,
Australia
Deporte: Pista
Medallas olímpicas:
1 de plata en 1996
1 de oro en 2000

Cathy Freeman

Los Juegos Olímpicos de 2000 estaban por empezar en Sydney, Australia. Más de 3,000 millones de personas vieron por televisión a una mujer encender la llama olímpica. Esa mujer era Cathy Freeman.

Fue un momento muy importante para Cathy y para todos los australianos. Cathy es aborigen. Durante muchos años, los aborígenes han luchado para ser tratados igual que a los otros australianos. La antorcha de Cathy fue un símbolo de esperanza para el pueblo aborigen.

Cathy Freeman enciende la llama olímpica para inaugurar los Juegos Olímpicos de 2000 en Sydney, Australia.

Cuando Cathy tenía once años, su familia predijo que ella correría un día en los Juegos Olímpicos.

Cathy nació en 1973 en Mackay, Queensland, Australia. Ella tenía cuatro hermanos. Su padre, Norman, era un talentoso jugador de rugby apodado *"Twinkle Toes"* (Dedos del pie centelleantes). De niña, Cathy descubrió que le gustaba correr. Empezó a ganar carreras cuando sólo tenía ocho años.

La familia de Cathy le dio mucho ánimo. Una vez su mamá le sugirió que colgara en la puerta de su habitación una nota que dijera: "Soy la mejor atleta del mundo". Cuando Cathy era adolescente, competía en carreras importantes por todo el mundo. Unas veces ganaba y otras perdía.

La llama olímpica

En la inauguración de los Juegos Olímpicos, una antorcha enciende la llama olímpica. Llevar la antorcha que enciende la llama es un gran honor. Personas escogidas con anticipación se turnan para llevar la antorcha olímpica desde Olimpia, Grecia, a la ciudad anfitriona. Esas personas se escogen a menudo por ser una inspiración para sus conciudadanos.

Cuando Cathy tenía diecinueve años, participó en los Juegos Olímpicos de 1992 en Barcelona, España. No corrió lo suficientemente rápido como para clasificar a la final de los 400 metros de esos Juegos. Dos años más tarde, ganó en dos pruebas de los Juegos de la Mancomunidad. Esta competencia internacional tuvo lugar ese año en Victoria, Canadá. Para celebrar, Cathy le dio una vuelta a la pista mientras llevaba con orgullo tanto la bandera de Australia, como la de los aborígenes. Le dijo a un reportero: "Sé que cuando los aborígenes ven esa bandera, se sentirán orgullosos de sí mismos".

Cathy en la competencia final de los 400 metros femeninos en los Juegos Olímpicos de 2000 en Sydney.

Cathy Freeman es un ejemplo para los jóvenes atletas del mundo entero.

En 1996, Cathy compitió en sus segundos Juegos Olímpicos, en Atlanta, Georgia, en Estados Unidos. Logró un récord personal de 48.63 segundos en la final de los 400 metros y terminó en segundo lugar. La medalla de plata de Cathy fue la primera jamás ganada por un aborigen australiano en una prueba individual.

Cuatro años más tarde, en 2000, los Juegos Olímpicos se celebraron en Sydney, Australia, en el país natal de Cathy. Era el momento de mostrar al mundo lo que ella podía lograr. Ganó con facilidad la carrera de los 400 metros. Cathy se envolvió en la bandera aborigen y la australiana, y dio una vuelta de la victoria alrededor de la pista. Sus seguidores de todo el mundo la aclamaron.

Cathy ganó la medalla de oro en los Juegos Olímpicos de 2000 en Sydney.

Nombre: Marc Gagnon
Fecha de nacimiento:
24 de mayo, 1975
Lugar de nacimiento:
Chicoutimi, Quebec,
Canadá
Deporte: Patinaje de
velocidad en pista corta
Medallas olímpicas:
1 de bronce en 1994
1 de oro en 1998
2 de oro y 1 de bronce
en 2002

Marc Gagnon encabeza la carrera de 1,000 metros de patinaje de velocidad en los Juegos Olímpicos de 2002 en Salt Lake City, Utah.

Marc Gagnon

Marc Gagnon empezó su camino hacia los Juegos Olímpicos cuando era un niño pequeño. Marc nació en 1975 en Chicoutimi, Quebec, Canadá. Sus padres pensaban que el hermano mayor de Marc, Sylvain, tenía talento para el patinaje de velocidad, por lo que lo llevaron a una pista de patinaje y lo entrenaron. También llevaban a Marc con ellos y él empezó a patinar cuando tenía tres años.

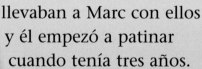

Marc, de cuatro años, usa sus primeros patines de cuchilla larga para carreras.

Cuando tenía cuatro años, Marc participó en su primera carrera regional. A los quince años, ya formaba parte del equipo nacional canadiense. Marc se esforzó mucho y cuando ganó su primer Campeonato Mundial, en el que venció a su hermano Sylvain, sólo tenía diecisiete años.

Marc celebra con su madre Jocelyne (izquierda), su padre Marcel (derecha), y su hermano mayor, Sylvain (extrema derecha).

Marc alcanzó la velocidad necesaria para participar en tres Juegos Olímpicos consecutivos. En 1994, en Lillehammer, Noruega, ganó una medalla de bronce en la carrera de 1,000 metros en pista corta. Luego, en 1998, ganó en Nagano, Japón, una medalla de oro con el equipo canadiense de relevos en pista corta.

Marc (abajo) corre en una prueba individual de patinaje de velocidad.

Marc entrena seis días a la semana, cinco patinando y uno montando en bicicleta.

Entrenamiento olímpico

Los atletas se entrenan durante muchos años para alcanzar los niveles necesarios para competir en los Juegos Olímpicos. Se han construido varios centros de entrenamiento por todo el mundo para ayudar a los atletas de todos los niveles, incluyendo a los olímpicos. Los atletas visitan estos centros para recibir preparación experta y entrenamiento.

Dos medallas olímpicas son un triunfo enorme. Sin embargo, Marc estaba decepcionado. Su sueño era ganar una medalla de oro en una prueba individual. Decidió no competir más. Marc dice, "En el fondo de mi corazón, yo ya había dejado de patinar. Estaba cansado y harto". La tensión del entrenamiento y de las competencias habían sido demasiado para Marc.

Pero su retiro no duró mucho. Marc no podía estar demasiado tiempo lejos del hielo. En 1999, empezó a entrenar de nuevo. Marc compitió en varias pruebas de pista corta en los Juegos Olímpicos de Invierno de 2002 en Salt Lake City, Utah.

En la carrera individual de 1,500 metros, Marc ganó una medalla de bronce. Cuando llegó el momento de la carrera de 500 metros, Marc dejó de pensar en su decepción de cuatro años atrás. Sabía que tenía que concentrarse en ganar y nada más. Cuando le faltaba menos de una vuelta, todavía estaba en segundo lugar. Las cuchillas de los patines de Marc centellearon cuando aceleró por la pista y pasó al primer lugar. Cruzó la línea de meta como ganador. Su marca fue de 41.802 segundos, un récord olímpico. ¡Finalmente se había realizado el sueño olímpico de Marc!

Marc también ganó la medalla de oro en los 5,000 metros de relevo. Ésta fue su quinta medalla en patinaje de velocidad en pista corta. Marc fue el canadiense más condecorado en los Juegos Olímpicos de Invierno.

El medallista de oro Marc (al centro) celebra con los ganadores de las medallas de plata y de bronce en los Juegos Olímpicos de 2002 en Salt Lake City.

Nombre:

Tanni Grey-Thompson

Fecha de nacimiento:

26 de julio, 1969

Lugar de nacimiento:

Cardiff, Gales, Reino Unido

Deporte: Pista en silla

de ruedas

Medallas olímpicas

4 de oro en 1992

1 de oro en 1996

4 de oro en 2000

Tanni Grey-Thompson

Tanni Grey-Thompson es una de las mejores atletas del mundo. También, desde que tenía ocho años está paralizada de la cintura hacia abajo. Eso no detuvo a Tanni en su empeño por convertirse en campeona olímpica.

Tanni nació en 1969 en Cardiff, Gales, en el Reino Unido. Nació con espina bífida, una enfermedad de la columna vertebral. A pesar de eso, sus padres animaron a su vivaz hija a intentar cosas nuevas.

Tanni compite al más alto nivel en carreras en silla de ruedas.

De niña, Tanni hizo muchas amigas en las niñas guías exploradoras.

Los Juegos Paralímpicos

Los Juegos Paralímpicos son para atletas que tienen impedimentos físicos. Los Juegos tienen lugar en los mismos años y las mismas ciudades que los Juegos Olímpicos.

Tanni empezó a jugar baloncesto y tenis en silla de ruedas cuando tenía unos trece años. Nadaba y practicaba tiro al arco. Luego encontró el deporte que realmente le gustaba, las carreras en silla de ruedas. De pequeña, Tanni vio por televisión el Maratón de Londres. Le dijo a su madre que un día competiría en esa carrera.

Tanni corrió por primera vez cuando tenía trece años. Aunque se sometió a dos operaciones quirúrgicas en los siguientes cuatro años, siguió entrenándose. Quería competir en pruebas de pista en silla de ruedas en los Juegos Paralímpicos de 1988 en Seúl, Corea del Sur.

Tanni se entrena de doce a quince veces por semana en una silla de ruedas hecha especialmente para ella.

Tanni celebra su triunfo en la final de los 800 metros en los Juegos Paralímpicos de 2000 en Sydney.

Una vez que Tanni tomó la decisión de competir, se esforzó al máximo. Hacía ejercicio en la lluvia y en el frío. Siguió practicando tenis y baloncesto para mantenerse en forma. A los diecinueve años, participó en los Paralímpicos de Seúl. Regresó con una medalla de bronce en la carrera de 200 metros.

Luego Tanni sufrió un contratiempo. Hubo que operarla de la columna vertebral, lo que le impidió entrenarse y competir durante todo un año.

Una vez curada, empezó a entrenarse de nuevo. Viajó a Barcelona, España, para los Paralímpicos de 1992. ¡Allí ganó cuatro medallas de oro!

Ese mismo año, como lo había predicho antes, compitió en el Maratón de Londres. Tanni obtuvo el primer puesto. No estaba satisfecha con un sólo triunfo, así que ganó seis veces el Maratón de Londres.

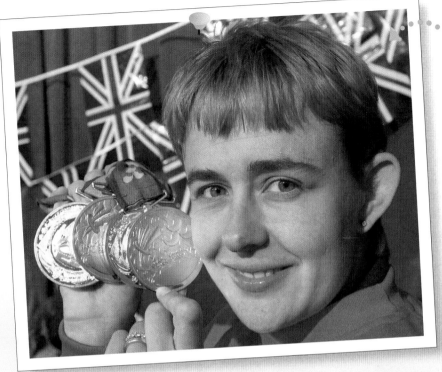

Tanni muestra algunas de las medallas que ganó en los Paralímpicos.

Tanni participó en los Paralímpicos de 1996 en Atlanta y en los Paralímpicos de 2000 en Sydney. Ganó muchas medallas de oro. Dice de sus éxitos: "Si haces el esfuerzo, tendrás la oportunidad de realizar tu sueño".

Cuando no se entrena o compite, Tanni trabaja para organizaciones deportivas nacionales. También da conferencias y se presenta en radio y televisión. Tanni ha demostrado al mundo lo que se puede lograr si se apunta alto y se trabaja duro.

Tanni habla en la Conferencia de Deportistas Femeninas Laureadas que se celebró en 2003, en Mónaco.

Nombre:
Haile Gebreselassie
(a veces se escribe
Gebrselassie)
Fecha de nacimiento:
18 de abril, 1973
Lugar de nacimiento:
Arssi, Etiopía
Deporte: Pista
Medallas olímpicas:
1 de oro en 1996
1 de oro en 2000

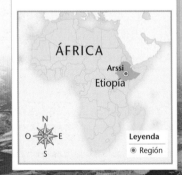

ÁFRICA

Arssi
Etiopía

N
O   E
S

Leyenda
● Región

Haile Gebreselassie

A Haile Gebreselassie le encanta correr.
De niño, corría por la finca y los campos de
Etiopía donde creció. Todos los días, corría
6 millas para ir a la escuela y 6 para regresar
a casa.

Cuando Haile tenía siete años, un
corredor etíope llamado Miruts Yifter ganó
dos medallas de oro en los Juegos Olímpicos
de 1980 en Moscú. Haile empezó a soñar
con correr algún día en los Juegos Olímpicos.
Para ser corredor de larga distancia, tenía
que lograr la fuerza y resistencia necesarias
para correr por un largo tiempo sin parar.

De niño, corría por
carreteras rurales
empinadas.

El entrenamiento de Haile incluye correr un total de 18 millas diarias.

A los quince años, Haile corrió el maratón de Adis Abeba, la capital de Etiopía. Le fue bien en la carrera de 26 millas. Sin embargo, sabía que podía correr mucho más rápido si practicaba con un entrenador de Adis Abeba.

Haile practicó intensamente con su entrenador. Al medir 5 pies y 3 pulgadas de alto, él tiene que correr más rápido sólo para igualar el paso de los corredores más altos. Su determinación le dio la ventaja que necesitaba para ganar.

Haile compite en la carrera de 3,000 metros en los Campeonatos Mundiales en Atenas, Grecia.

Haile (centro) corre la final de los 10,000 metros durante los Juegos Olímpicos de 1996 en Atlanta, Georgia.

Medir el tiempo

A veces sólo una fracción de segundo separa a los competidores en una carrera de pista. Los árbitros usan cronómetros para carriles múltiples y sistemas automáticos de medición del tiempo para medir el tiempo de los corredores. Los sistemas más avanzados tienen pistolas electrónicas de partida y pueden generar fotos digitales a la llegada.

En 1992, Haile compitió en los Juegos Mundiales juveniles en Seúl, Corea del Sur, y ganó las carreras de 5,000 y 10,000 metros. Fue el principio de su cadena de triunfos.

En los Juegos Olímpicos de 1996 en Atlanta, Georgia, Haile corrió durante la mayor parte de la carrera de 10,000 metros detrás de su amigo keniata Paul Tergat. Luego, en la vuelta final, aceleró para ganar la medalla de oro olímpica. Había realizado su sueño.

Durante los siguientes cuatro años, Haile estableció records en varias distancias. Se convirtió en un corredor popular. Se le conocía por su poderoso sprint final y su amplia sonrisa.

Una lesión en un tobillo casi impidió que Haile compitiera en los Juegos Olímpicos de 2000 en Sydney. Sin embargo, aunque no estaba completamente en forma, Haile participó en la competencia. En la última vuelta de la final de los 10,000 metros, se volvió a encontrar detrás de Paul Tergat. Con un arranque final de energía, Haile se adelantó a Paul para ganar la medalla de oro. Fue la carrera de 10,000 metros más cerrada en la historia de los Juegos Olímpicos.

Haile continúa corriendo, desafiándose a sí mismo en diferentes distancias. También trabaja con las Naciones Unidas para atraer la atención de la gente sobre asuntos importantes de Etiopía. Haile ha participado en espectáculos benéficos que ayudan a la gente necesitada y a los discapacitados.

En los Juegos Olímpicos de 2000 en Sydney, Haile (izquierda) ganó por sólo nueve centésimas de segundo la carrera de 10,000 metros.

Nombre: Pablo Morales
Fecha de nacimiento:
5 de diciembre, 1964
Lugar de nacimiento:
Chicago, Illinois,
Estados Unidos
Deporte: Natación
Medallas olímpicas:
1 de oro y 2 de plata
en 1984
2 de oro en 1992

AMÉRICA DEL NORTE

Estados
Unidos

Chicago
Illinois

N
O   E
S

Leyenda
⊙ Ciudad

Pablo Morales

Los padres de Pablo se mudaron de Cuba a Chicago, Illinois, antes de que él naciera en 1964. En 1966, la familia Morales se mudó a California. Pablo empezó a nadar desde muy pequeño a petición de su madre. Ella había estado una vez a punto de ahogarse en Cuba y pensó que sus hijos estarían más seguros en el agua si aprendían a nadar de pequeños. De niño, Pablo sólo nadaba para divertirse. Le dijo al entrenador: "Yo era un terror en las clases de natación. La verdad es que no prestaba atención".

El estilo favorito de Pablo es el mariposa.

Cuando Pablo tenía ocho años, formó parte de un equipo de natación como principiante. Dice que sólo tenía "un poquito de habilidad". Sin embargo, cuando tenía diez años, Pablo era el primero en la clasificación nacional de su edad en los 100 metros mariposa.

Al comenzar la adolescencia, Pablo empezó a entrenarse dos veces al día. Encabezó durante seis años la clasificación de los 100 metros mariposa, hasta que cumplió los dieciséis. También tenía el récord de velocidad de escuela secundaria en los 100 metros mariposa. Al mismo tiempo, estudiaba mucho y sacaba buenas calificaciones. También encontraba tiempo para trabajar como voluntario en hospitales locales y con grupos de niños.

La brazada mariposa de Pablo
Para nadar mariposa se necesitan brazos fuertes. Los brazos y los hombros del nadador sobresalen del agua mientras las piernas impulsan el cuerpo hacia delante.

Pablo estudió de 1983 a 1987 en la Universidad de Stanford, donde continuó con la natación. Ganó más pruebas universitarias en ese deporte que ningún otro estadounidense. Mientras estaba en la universidad, Pablo compitió en los Juegos Olímpicos de 1984 en Los Ángeles, California. Ganó dos medallas de plata y una de oro. La medalla de oro fue por una prueba de relevos. Sin embargo, lo que Pablo realmente quería era una medalla de oro en la prueba individual de mariposa.

En 1987, Pablo empezó a estudiar Derecho. Dejó sus estudios por un tiempo para entrenarse para los Juegos Olímpicos de 1988 en Seúl, Corea del Sur. Luego sufrió una gran decepción. Pablo no fue lo suficientemente rápido para integrar el equipo olímpico estadounidense.

Pablo estaba muy contento cuando ganó una medalla de oro en 1992 en los Juegos Olímpicos de Barcelona, España.

No poder participar en los Juegos Olímpicos habría desalentado a la mayoría de los nadadores. Pero Pablo, por el contrario, sólo pensaba en los siguientes Juegos Olímpicos. En los Juegos Olímpicos de 1992 en Barcelona, España, ganó dos medallas de oro, en los 100 metros estilo mariposa y los 400 metros de relevo mixto.

Pablo se graduó en Derecho en 1994. En los años siguientes, entrenó a nadadores de dos universidades de California. En 2001, Pablo empezó a trabajar en un campamento de natación en Nebraska. Como entrenador principal, enseña a los estudiantes a fijarse metas y a lograr ser los mejores nadadores que puedan ser.

Pablo dice que ganó una medalla de oro porque se esforzó mucho y no se dio por vencido.

Miembros del equipo de relevos de Estados Unidos muestran sus medallas de oro después de su victoria olímpica en Barcelona en 1992. De izquierda a derecha están Nelson Diebel, Pablo Morales, Jeff Rouse y Jon Olsen.

Kristi Yamaguchi

Nombre:
Kristi Yamaguchi
Fecha de nacimiento:
Julio 12, 1971
Lugar de nacimiento:
Hayward, California,
Estados Unidos
Deporte: Patinaje artístico
Medallas olímpicas:
1 de oro en 1992

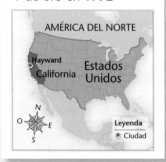

Gracia, belleza y estilo son palabras que se usan a menudo para describir el patinaje de Kristi Yamaguchi. Sin embargo, cuando Kristi nació en 1971 en Hayward, California, tenía los pies torcidos hacia adentro. Tuvo que usar yeso y zapatos ortopédicos para enderezarlos. Cuando tenía cuatro años, los médicos le recomendaron que hiciera ejercicio para fortalecer sus piernas. Sus padres la inscribieron en clases de ballet.

A los cinco años, Kristi vio patinar a Dorothy Hamill. Desde ese momento, quería lograr lo mismo que Dorothy—ganar una medalla olímpica de oro. Kristi empezó a tomar clases de patinaje sobre hielo a los seis años. Cuando cumplió los ocho años, ya tenía las piernas mucho más fuertes. A Kristi le gustaba tanto patinar, que se despertaba todos los días a las cuatro de la mañana para patinar cinco horas antes de ir a la escuela. También tomaba clases de danza.

En 1983, cuando Kristi tenía once años, empezó a patinar con un compañero, Rudy Galindo. Ganaron muchas competencias de patinaje en pareja. Al mismo tiempo, Kristi patinaba por su cuenta. De 1986 a 1989, participó en competencias nacionales e internacionales de patinaje individual.

Al patinar,
Kristi se mueve
con la gracia
de una bailarina.

La inspiración de Kristi

Para muchos atletas, el sueño olímpico empieza en la infancia al observar a sus atletas olímpicos favoritos. Kristi se inspiró en la patinadora olímpica Dorothy Hamill (arriba). Comenta: "Todas las niñitas querían ser como Dorothy y yo no era la excepción".

Kristi patina durante una exhibición en los Juegos Olímpicos de 1992 en Albertville, Francia.

Los patinadores olímpicos estadounidenses disfrutan de una visita en 1993 a la pista de hielo del Central Park. De izquierda a derecha están Paul Wylie, Kristi Yamaguchi y Scott Hamilton.

Cuando Kristi tenía veinte años, compitió en los Juegos Olímpicos de 1992 en Albertville, Francia. Decidió participar en las pruebas individuales. Antes de salir a la pista, recibió una gran sorpresa: ¡Dorothy Hamill estaba en los bastidores para desearle suerte! Cuando ejecutaba su número, se cayó al dar un salto difícil. Sin embargo, sabía que no podía darse por vencida. Rápidamente, retomó el equilibrio y continuó patinando con su gracia habitual. A pesar de su caída, los jueces le otorgaron el puntaje más alto. ¡La medalla de oro era suya!

Kristi acepta la aclamación de la multitud después de ganar la medalla de oro en los Juegos Olímpicos de 1992 en Albertville, Francia.

Kristi ejecuta un salto espectacular en los
Juegos Olímpicos de Invierno, en Francia.

Después de lograr su meta, Kristi creó la
Fundación Siempre Sueña. Esta fundación
recauda dinero para ayudar a los niños
pobres y a los niños discapacitados a lograr
sus metas. Kristi sigue patinando, pero a
nivel profesional. Ha recibido muchos
premios por su habilidad como patinadora.
Kristi fue instalada en 1998 en el Salón
Mundial de la Fama de Patinaje Artístico
y también en el de Estados Unidos.

Kristi muestra su medalla de
oro en los Juegos Olímpicos de
1992 en Albertville.

Deportes olímpicos

El hockey en trineo sobre hielo es un deporte muy popular en los Juegos Paralímpicos de Invierno.

Los Juegos Olímpicos y los Paralímpicos se dividen en Juegos de Verano y Juegos de Invierno. Cada competencia tiene lugar cada cuatro años, pero no son el mismo año. Hay dos años entre los Juegos de Verano y los Juegos de Invierno.

Deportes de los Juegos de Invierno

Olímpicos	Paralímpicos
biatlón (dos pruebas)	curling en silla de ruedas
bobsleigh (carrera de trineos)	esquí alpino
curling	esquí nórdico
esquí	hockey en trineo sobre hielo
hockey sobre hielo	
luge	
patinaje	

La sueca Ylva Nowen compite en la carrera de slalom gigante en los Juegos de Invierno de 2002 en Salt Lake City.

Deportes de los Juegos de Verano

Olímpicos	Paralímpicos	
acuáticos (incluyen clavado y natación)	atletismo	natación
atletismo	baloncesto en silla de ruedas	*power lifting*
bádminton (juego del volante)	boccia	rugby en silla de ruedas
baloncesto	ciclismo	tenis de mesa
balonmano	equitación (montar a caballo)	tenis en silla de ruedas
béisbol	esgrima en silla de ruedas	tiro con arco
boxeo	fútbol (cinco en cada lado)	tiro olímpico
ciclismo	fútbol (siete en cada lado)	vela
equitación (montar a caballo)	*goalball*	voleibol
esgrima	judo	
fútbol		
gimnasia		
hockey sobre hierba		
judo		
levantamiento de pesas		
lucha		
pentatlón moderno (cinco pruebas)		
piragüismo		
remo		
sóftbol		
taekwon-do		
tenis		
tenis de mesa		
tiro con arco		
tiro olímpico		
triatlón (tres pruebas)		
vela		
voleibol		

Un atleta paralímpico juega baloncesto.

Índice

aborígenes australianos 6, 8, 9
Diebel, Nelson 25
Freeman, Cathy 6–9
Gagnon, Marc 10–13
Gebreselassie, Haile 18–21
Galindo, Rudy 26
Grey-Thompson, Tanni 14–17
Hamill, Dorothy 26, 27, 28
Hamilton, Scott 28
Juegos de la Mancomunidad 8
Juegos Olímpicos 4–5, 7
   1980, Moscú 18
   1984, Los Ángeles 24
   1988, Seúl 24
   1992, Albertville 27, 28, 29
   1992, Barcelona 8, 24, 25
   1994, Lillehammer 11
   1996, Atlanta 5, 9, 20
   1998, Nagano 11
   2000, Sydney 6, 8, 9, 21
   2002, Salt Lake City 10, 12, 13
   antorcha 6, 7
   bandera, 5, 8
   deporte 30–31
   entrenamiento 12
   historia 4
   llama, 6, 7

medallas 4, 6, 9, 10, 11, 12,
   13, 14, 16, 17, 18, 20, 21,
   22, 24, 25, 26, 28, 29
Juegos Paralímpicos 15, 17,
   30–31
   1988, Seúl 15, 16
   1992, Barcelona 16
   1996, Atlanta 17
   2000, Sydney 16, 17
   deportes, 30–31
Maratón de Londres 15, 16
Morales, Pablo 22–25
Olsen, Jon 25
Rouse, Jeff 25
Spitz, Mark 23
Tergat, Paul 20, 21
Wylie, Paul 28
Yamaguchi, Kristi 26–29
Yifter, Miruts 18